BEI GRIN MACHT SICH IHR WISSEN BEZAHLT

AF149268

- Wir veröffentlichen Ihre Hausarbeit, Bachelor- und Masterarbeit

- Ihr eigenes eBook und Buch - weltweit in allen wichtigen Shops

- Verdienen Sie an jedem Verkauf

Jetzt bei www.GRIN.com hochladen und kostenlos publizieren

Bibliografische Information der Deutschen Nationalbibliothek:

Die Deutsche Bibliothek verzeichnet diese Publikation in der Deutschen National-
bibliografie; detaillierte bibliografische Daten sind im Internet über http://dnb.d-
nb.de/ abrufbar.

Impressum:

Copyright © 2013 GRIN Verlag, Open Publishing GmbH
Druck und Bindung: Books on Demand GmbH, Norderstedt Germany
ISBN: 9783668276611

Dieses Buch bei GRIN:

http://www.grin.com/de/e-book/337901/erstellung-eines-kafttrainingsplans-zur-
reduktion-des-koerperfettanteils

Sabrin Byaah

Erstellung eines Kafttrainingsplans zur Reduktion des Körperfettanteils und Körperformung

GRIN Verlag

GRIN - Your knowledge has value

Der GRIN Verlag publiziert seit 1998 wissenschaftliche Arbeiten von Studenten, Hochschullehrern und anderen Akademikern als eBook und gedrucktes Buch. Die Verlagswebsite www.grin.com ist die ideale Plattform zur Veröffentlichung von Hausarbeiten, Abschlussarbeiten, wissenschaftlichen Aufsätzen, Dissertationen und Fachbüchern.

Besuchen Sie uns im Internet:

http://www.grin.com/

http://www.facebook.com/grincom

http://www.twitter.com/grin_com

Deutsche Hochschule für

Prävention und Gesundheitsmanagement

Hermann Neuberger Sportschule 3

66123 Saarbrücken

Einsendeaufgabe

Fachmodul: Trainingslehre I

Studiengang: BA Fitnessökonom

Version Studienbrief: 09.08.2013

(Datum des Vorwortes, Versionsnummer in Fußzeile des Studienbriefes)

Name, Vorname: Byaah, Sabrin

Studienort: **Stuttgart**

Semester: **1**

Inhaltsverzeichnis

1.1 Erfassung der allgemeinen Personendaten

Um einen alters- und geschlechtsspezifischen Trainingsplan, mit Rücksicht auf wichtige Parameter, wie Körpergröße und –gewicht zu gewährleisten, wurden allgemeine Daten der Person erhoben.

Tab. 1: Allgemeine Daten des Trainierenden (eigene Darstellung)

Geschlecht	Weiblich
Alter	24 Jahre
Körpergröße	1,67 m
Körpergewicht	61 kg

In der späteren Trainingsplanung wird vor allem Rücksicht auf die überwiegend sitzende Computertätigkeit der Person genommen und die von ihr genannten Trainingsmotive wie Gewichtsabnahme, Muskelaufbau und den Kraftzuwachs. Es handelt sich hier um einen Trainingsfortgeschrittenen (nach ILB), welcher bereits Erfahrung aus dem gerätegestützten Krafttraining mitbringt.

Im Vorfeld wurde bereits geklärt, ob orthopädische oder internistische Erkrankungen vorliegen. Laut des behandelnden Arztes bestehen keine Einschränkungen, daher ist die Person uneingeschränkt trainierbar.

Tab. 2: Weitere relevante Daten der Person (eigene Darstellung)

Berufliche Tätigkeit	Mediengestalterin (sitzende Tätigkeit)
Trainingsmotive	Abnehmen, Muskelaufbau, Kraftzunahme, Figurformung
Trainingsalter	> 12 Monate = Fortgeschritten (nach ILB)
zeitlicher Verfügungsrahmen	4 Tage je max. 2 Stunden pro Woche
frühere sportliche Aktivitäten	Volleyball (2 Jahre 1/Woche; Fortgeschritten)

aktuelle sportliche Aktivitäten	Fitnessstudio (1,5 Jahren 3/Woche; Fortgeschritten)
Gesundheitszustand	keine gesundheitlichen Einschränkungen

1.2 Erfassung der biometrischen Personendaten

Weiterhin zeigt folgende Tabelle deutlich, dass die Person in einem generell guten, sportlich fitten Zustand ist. Die Diagnosedaten des BMI, des Taillen-Hüft-Umfangs und des Blutdrucks liegen im normalen Bereich, der des Körperfettanteils sogar im niedrigen, weshalb auch hier keine gesundheitlich relevanten Einschränkungen beim Erstellen des Trainingsplans beachtet werden müssen. Zusätzliche Parameter für den Umfang wurden hinzugenommen, um spätere Ziele genauer definieren zu können.

Tab. 3: Biometrische Daten mit Bewertung (eigene Darstellung)

	Diagnosedaten	Norm	Bewertung
BMI	21,9 BMI	18,5 – 25,0 BMI	Normal
Taillen-Hüft-Verhältnis	0,81 THV	< 0,85 THU	Normal
Körperfettanteil	19% KFA (11,6 kg KF)	< 21% KFA	Niedrig
Blutdruck	125/84 mmHg	120/129-80/85 mmHg	Normal
Brustumfang	96 cm		
Taillenumfang	73 cm		
Hüftumfang	90 cm		
Umfang am Oberarm	25 cm		
Umfang am Oberschenkel	54 cm		

In der unten stehenden detaillierten Tabelle, zur Einteilung der Blutdruck-Werte (nach WHO), geht hervor, dass sich der oben ermittelte Blutdruckwert im Normalbereich befindet.

Tab. 4: Blutdruckwerte nach WHO (entnommene Darstellung)

	systolisch (mmHg)	diastolisch (mmHg)
optimal	< 120	< 80
normal	< 130	< 85
hochnormal	130-139	85-89
Hypertonie Grad I	140-159	90-99
Hypertonie Grad II	160-179	100-109
Hypertonie Grad III	> 180	> 110

1.3 Krafttestung mit Mehrwiederholungskrafttest (X=RM)

Damit genaue Intensitäten für den zu erstellenden Trainingsplan des Kraftausdauerzyklus ermitteln werden können, wurde der Mehrwiederholungskrafttest (X-RM) mit einer Wiederholungszahl von X=20 ausgewählt. Sogenannte Re-Tests werden zur Dokumentation und Analyse von Leistungssteigerungen, bzw. um neue Intensitätsberechnungen späterer Trainingspläne zu berechnen, genutzt.

Zur späteren Bestimmung der Trainingsintensität wird mit der Individuellen-Leistungsbild-Methode (ILB) nach EIFLER (2000) gearbeitet.

Die im Krafttest ausgewählten Übungen basieren auf einer bereits stattgefundenen Vorüberlegung für den Kraftausdauertrainingsplan.

1.3.1 Testbedingungen

Um gleichbleibende Bedingungen für weitere Re-Tests zu schaffen, wurde der Krafttest etwas nach dem täglichen Berufsalltag an einem Montagabend um 19 Uhr durchgeführt.

1.3.2 Testablauf und -durchführung

Zu Beginn absolvierte die Testperson ein allgemeines (10 Minuten moderates Gehen auf dem Crosstrainer) und spezielles Aufwärmen (1 Satz pro Übung mit geringer Intensität).

In Folge dessen erhöht sich die Körperkerntemperatur, der Stoffwechsel wird angeregt und die Muskulatur besser durchblutet. Aber auch die Herzfrequenz steigt, weshalb das Blut schneller zirkuliert und die Muskulatur besser versorgt wird. Es dient zudem auch der Verletzungsprophylaxe, durch die vermehrte Produktion von Gelenkflüssigkeit.

Gestartet wurde mit einem vom Trainer eingeschätzten ersten Testgewicht. Falls nötig, wurde das Ausgangsgewicht des 1. Testsatzes im 2. Testsatz um 25% gesteigert. Bei keiner getesteten Übung wurde ein 3. Testsatz benötigt.

Viele Geräte konnten nicht wie benötigt abgestuft werden, daher wurde z.t. ab- oder aufgerundet.

Tab. 5: Ermittelte Werte des Mehrwiederholungskrafttest, X-RM Test (eigene Darstellung)

Übung	T 1	T 2	Ergebnis
Bankdrücken an der Maschine (liegend)	12 kg	+ 25% 15 kg	100% ILB = 15 kg
Zug vertikal eng zur Brust (UG)	21 kg	- 25% 15,75 kg	100% ILB = 16 kg
Zug horizontal weit an der Maschine (OG)	15 kg	+ 25% 18,75 kg	100% ILB = 19 kg
Beinpresse horizontal sitzend	110 kg		100% ILB = 110 kg
Kurzhantelarmbeugen	6 kg	+ 25% 7,5 kg	100% ILB = 8 kg
Armstrecken am Kabelzug (UG)	15 kg	+ 25% 18,75 kg	100% ILB = 19 kg

1.3.3 Testauswertung

Einige für den Trainingsplan ausgewählte Übungen finden nicht an Maschinen statt und wurden daher nicht mit in den Krafttest einbezogen. Bei der Übung Rumpfbeugen allerdings wurde entschieden, den Lastarm zu verlängern, um hier die Intensität zu steigern. Bei der Auswertung der ermittelten Krafttestdaten und der Analyse der Ausführung speziell an der Bankdrücken-Maschine wurde festgestellt, dass auf Grund der täglichen Computerarbeit mit der Maus eine Dysbalance der Nacken- und Brustmuskulatur auftrat. Dementsprechend war auch eine Fehlhaltung der Schultern (Schulterhochstand) zu erkennen, so dass beim Bankdrücken besonders viel Wert auf die aktive Korrektur vom Trainer und Trainierenden gelegt werden muss. Ebenso bei der Ausführung des Latzuges ist auf eine Fixierung der Schulterblätter zu achten.

2 ZIELSETZUNG / PROGNOSE

Nachstehend werden klare Ziele anhand der Trainingsmotive mit realistischen Zeiträumen definiert. Hierbei wird auf die ermittelten Diagnosedaten und die Wichtigkeit der Trainingsmotive Rücksicht genommen. Die Priorität der Ziele wurde vorab besprochen und gliedert sich hier von Ziel 1 (höchste Priorität) zu Ziel 3 (niedrigste Priorität). Außerdem wurde in Haupt-/ Teil- und Feinstziele differenziert, welche sich wiederum aus den Komponenten Inhalt, Ausmaß und Zeit zusammensetzen.

Die Zeitangaben für die einzelnen Ziele wurden jeweils für den zutreffenden Makrozyklus, Mesozyklus und den Mikrozyklus festgelegt.

2.1 Ziel 1: Reduktion des Körperfettanteils

Das wichtigste Ziel des Probanden ist die Reduktion des Körperfettanteils (KFA), welcher zu Beginn bei 19% (bei einem Körpergewicht von 60 kg = 11,6 kg Körperfett) lag und auf 10% (= 6,0 kg Körperfett) reduziert werden soll.

Tab. 6: Reduktion des Körperfettanteils (eigene Darstellung)

Haupt-/ Grobziel (Makrozyklus)	Teil-/ Feinziel (Mesozyklus)	Feinstziel (Mikrozyklus)
Senkung des KFA um 6 kg in 6 Monaten	Senkung des KFA um 1,5 kg in 6 Wochen	60 min. Laufen bei 147 HF (nach IANS Keul / Zichner et al.)

2.2 Ziel 2: Körperformung anhand der Umfangsdaten

Einziger Kritikpunk ist der Wert des Taillenumfangs, welcher für die weibliche Testperson als Problemzone erklärt wurde und deshalb als 2. Ziel ansteht. Es soll ein Taillen-Hüftverhältnis von ca. 0,75 THV erreicht werden, d.h. es muss ein Taillenumfang von 67,5 cm erlangt werden.

Tab. 7: Körperformung anhand der Umfangsdaten (eigene Darstellung)

Haupt-/ Grobziel (Makrozyklus)	Teil-/ Feinziel (Mesozyklus)	Feinstziel (Mikrozyklus)
Reduzierung des Taillenumfangs von 5,5 cm in 6 Monaten	Reduzierung des Taillenumfangs um ca. 1,4 cm in 6 Wochen	45 min. Cross-Walker bei 147 HF

2.3 Ziel 3: Kraftzuwachs mittels des X-RM Testverfahren

Als weiteres Ziel wurde der Kraftzuwachs genannt, der hier um das doppelte gesteigert werden soll, also um 50% des zuvor durch den Mehrwiederholungskrafttest ermittelten Maximalgewichts und durch ILB berechneten Ausgangsgewichts.

.

Tab. 8: Kraftzuwachs mittels des X-RM Testverfahren (eigene Darstellung)

Haupt-/ Grobziel (Makrozyklus)	Teil-/ Feinziel (Mesozyklus)	Feinstziel (Mikrozyklus)
Kraftzuwachs (mittels X-RM Test) bei 20 Wdh.	Kraftzuwachs bei 20 Wdh. von 12,5% in 6 Wochen	Kraftzuwachs bei 20 Wdh. in einer Woche von 2%

9

von 50% Gewichtsstei-gerung je Übung in 6 Monaten		

3 TRAININGSPLANUNG MAKROZYKLUS

Der tabellarisch abgebildete Makrozyklus für die ausgewählte Testperson, die auf Grund des aktuell regelmäßig betriebenen Krafttrainings als Fortgeschrittener eingestuft wird und deshalb keine Eingewöhnungsphase im herkömmlichen Sinn benötigt, besteht aus vier aufeinander folgenden Mesozyklen.

Frühere Trainingspläne des Trainierenden sind allerdings unbekannt, daher wird mit einem sechswöchigen Kraftausdauertraining (KAT) begonnen. Dies hat zum Ziel das passive Bewegungssystem, wie Sehnen, Bänder, etc., auf die bevorstehenden höheren Intensitäten im Muskelaufbau- und Maximalkrafttraining zu gewöhnen. Weitere positive Resultate dieser Trainingsmethode sind, die Vergrößerung der Respirationsfläche durch Erhöhung des Atemminutenvolumens, die verbesserte Kapillardiffusionsfläche, bessere Sauerstoffversorgung der Muskulatur, Senkung des Ruhepulses durch Erhöhung des Schlagvolumens und eine allgemeine Ökonomisierung des Herzen.

Die Intensitätsstufe „Geübter" (nach ILB), das Ganzkörpertraining (GK) als Circuit zu 3 Trainingseinheiten (TE) pro Woche mit 20 Wiederholungen (Wdh.) je Übung und einer Ausdauereinheit wurde gewählt, um den Trainierenden in einen neuen Trainingsplan einzugewöhnen und die erforderliche Kraftausdauer für nachfolgende Mesozyklen aufzubauen.

Ein weiterer Grund für das gewählte Kraftausdauertraining ist das oben definierte Ziel – „Abnehmen", bzw. Senkung des Körperfettanteils, wodurch letztendlich auch eine Gewichtsreduktion resultieren wird. Wichtig hierbei ist, dass die Satzpausen von 60 Sekunden erst nach einem kompletten Durchgang, bzw. eines Circuit zu machen sind. Alternativ kann man aber auch die tatsächlichen Satzpausen auf 20 Sekunden reduzieren. In Kombination mit einer Ausdauereinheit (z.B. auf dem Laufband oder Cross-Walker) zu 60 Minuten pro Woche erzielt man die gewollten positiven Effekte des Herzkreislauf- und Stoffwechseltrainings.

An zweiter Stelle folgt ein achtwöchiges extensives (ex.) Muskelaufbautraining (MAT). Hier wird das Ziel der Muskelhypertrophie angegangen. Da zuvor eine sehr hohe Wiederholungszahl im Kraftausdauerbereich gewählt wurde, soll der Sprung zu niedrigen Wiederholungszahlen nicht zu groß sein, daher wurden hier 12 Wiederholungen angesetzt. Da der erste Mesozyklus nun beendet ist, wird die Intensität nun auf die Stufe des Fortgeschrittenen gehoben, wobei auch die Anzahl der Übungen pro Muskelgruppe an den neuen Level angepasst wurden.

Vorteile des Muskelaufbautrainings sind die Stabilisierung der Gelenke, der Ausgleich von muskulären Dysbalancen, wie es hier der Fall ist, Kraftleistungssteigerung, was u.a. auch eines der Ziele darstellte, und die Erhöhung der Kraftleistungsfähigkeit im Alter, u.a. durch die daraus resultierende Steigerung der Knochendichte.

Bei den beiden ersten Zyklen wurde ein Circuit Training bevorzugt, um einerseits ein Zeitersparnis zu erreichen, das Herzkreislaufsystem zu trainieren und den Stoffwechsel anzuregen. Durch die Zeitersparnis kann eine weitere Ausdauereinheit ermöglicht werden.

Anschließend folgt ein weiteres achtwöchiges Muskelaufbautraining, allerdings im intensiven (in.) Bereich. Diesmal wurden die vier zeitlich verfügbaren Einheiten pro Woche voll ausgenutzt und in einem 2er Split in Kombination mit einer Ganzkörpereinheit als Stationstraining zu 4 Trainingseinheiten pro Woche aufgeteilt.

Durch die Veränderung einiger Parameter im Verlauf des Makrozyklus, wie die Änderung zum Stationstraining, die Reduzierung der Wiederholungszahl und Veränderung der Satzpausen, werden unterschiedliche Reizsetzungen für die Muskulatur garantiert und weiterhin erlangt der Trainierende neue Motivation. Resultierend daraus wird ein stätiger Erfolg im Muskelaufbautraining gewährleistet.

Durch die hohe Beanspruchung der Gelenke im Maximalkrafttraining wurde hier ein vierwöchiger Mesozyklus gewählt, um die Überlastung des Bewegungsapparates zu vermeiden und gleichzeitig eine Adaption innerhalb dieser Zeitspanne zu ermöglichen. Der Vorteil hierbei ist, dass mehr Muskelfasern aktiviert werden und dadurch eine intermuskuläre Kraftsteigerung zu erwarten ist. Gleichzeitig bildet sich eine neue Grundlage der Trainierbarkeit im Bereich der Belastungsparameter für den Trainierenden. Dies bedeutet, dass ein erhöhtes Ausgangsniveau für weitere Trainingspläne gegeben ist. Dadurch ist eine Verbesserung der Muskelgruppenansteuerung gewährleistet, d.h. die koordinative Fähigkeit wurde verbessert. Des Weiteren kann durch ein Maximalkrafttraining die Nutzung der autonomen Reserven von 70% auf 80% bis maximal 90% gesteigert werden.

Tab. 9: Tabellarische Planung eines Makrozyklus (eigene Darstellung)

Trainingsziel	KAT	MAT ex.	MAT in.	MKT ex.
Mesozyklus	6 Wochen	8 Wochen	8 Wochen	4 Wochen
Organisations-form	GK Circuit	GK Circuit	2er Split Station	1x GK + 2er-Split Station
Trainings-einheit/Woche	3 TE + 1 TE Ausdauer	3 TE	4 TE	3 TE
Übungen/ Muskelgruppe	1-2	1-3	1-3	1-3
Sätze/Übung	3	3	3	3
Wieder-holungen	20 Wdh.	12 Wdh.	8 Wdh.	3 Wdh.
Satzpausen	60 Sek.	90 Sek.	60 Sek.	180 Sek.
Bewegungs-tempo	2 / 0 / 2	2 / 0 / 2	2 / 0 / 2	3 / 0 / 1
Intensität	60-80% ILB	70-90% ILB	70-90% ILB	70-90% ILB

Zwar benötigt der Trainierende keine Eingewöhnungsphase zum gerätegestützten Krafttraining, dennoch wird noch nicht ausschließlich mit freien Gewichten trainiert. Dies wird aber im zweiten Mesozyklus angegangen, daher wurden z.t. Trainingsgeräte ausgesucht (z.b. Bankdrücken an der Maschine (liegend) oder Zug horizontal weit an der Maschine) die als Vorbereitung zu dementsprechenden Übungen dienen sollen (z.b. Bankdrücken an der Multipresse oder Zug horizontal weit am Kabelzug).

Übungen mit freien Gewichten erfordern einen komplexeren, realitätsnahen Bewegungsablauf (z.b. Vergleich: Getränkekisten heben / Kniebeugen etc.). Beim erlernen der physiologischen Bewegungsabläufe ist, bei richtiger Ausführung, eine muskuläre Dysbalance weniger zu erwarten.

4.1 Richtige Ausführung und Körperhaltung

Zu den Übungsausführungen, den physiologischen Geräteeinstellungen und der richtigen Körperhaltung ist allgemein zu sagen,

- dass bei Sitzpositionen die Knie- und Hüftgelenksstellung sich nicht über 90° befinden soll.
- dass das Sitzen im Hohlkreuz durch aktive Korrektur, nämlich durch Aufrichten des Beckens, vermieden werden soll, genauso wie das Vermeiden eines Rundrückens.
- dass ebenso bei liegenden Positionen das Hohlkreuz durch Anwinkeln der Beine im 90° verhindert wird.
- dass bei stehenden Übungen eine hüftbreite Standposition mit leicht gebeugten Beinen eingenommen wird.
- dass Gelenke nicht in die Überstreckung geraten sollen, um deren Verschleiß und Abnutzung zu verhindern.
- dass die Handgelenke immer in Verlängerung zum Unterarm und der Kopf in Verlängerung zur Wirbelsäule fixiert werden.
- dass Geräteeinstellungen gelenksnah eingestellt werden, um das Drehmoment optimal zu nutzen und Scherkräften vorzubeugen.
- dass die trainierte Muskulatur unter ständiger Spannung gehalten wird.

4.2 Übungsauswahl

Die Übungsauswahl richtet sich folglich nach dem Belastungsgefüge des Trainierenden im Alltag und überwiegend im Beruf. Durch die Übungen „Zug vertikal eng
zur Brust (UG)", „Zug horizontal weit an der Maschine (OG)" und „Beinpresse
horizontal sitzend", mit den gesonderten Bewegungsausführungen, arbeiten wir
gezielt gegen die bestehende muskuläre Dysbalance im Schultergürtel, sowie gegen die atrophierte Rückenmuskulatur durch die sitzende Tätigkeit. Gleichzeitig
wird versucht, durch die Auswahl der Trainingsmethodik (Zirkel, Station) die einzelnen Ziele des Trainierenden zu erreichen und sie im Berufsleben und Alltag
Belastungsresistenter zu machen.

Zusammengefasst ist der Trainingsplan so ausgelegt, aktive und präventive Hal-
tungskorrekturen auszubessern, eine Steigerung der Leistungsfähigkeit im Beruf
und Alltag zu erlangen und eine gewünschte Fettverbrennung.

Im Folgenden ist nun der Mesozyklus tabellarisch dargestellt, wobei zu beachten
ist, dass die Intensität alle zwei Wochen (W) um 10% gesteigert wird.

Leistungsstufe:	Fortgeschritten	Intensität:	60-80% ILB
Zyklusdauer :	6 Wochen	Sätze/Übung:	3
Trainingsziel:	Kraftausdauer	Satzpausen:	60 Sekunden
Organisationsform:	Ganzkörper / Circuit	Bewegungstempo:	2 / 0 / 2
Wiederholungen:	20	Einheit/Woche:	3

Tab. 10: Mesozyklus des Kraftausdauertrainings (eigene Darstellung)

Übungen	Wdh.	ILB	W1	W2	W3	W4	W5	W6
Zug vertikal eng zur Brust (UG)	20	16 kg	9 kg	9 kg	11 kg	11 kg	12 kg	12 kg
Zug horizontal weit an der Maschine (OG)	20	19 kg	11 kg	11 kg	13 kg	13 kg	14 kg	14 kg

14

Bankdrücken an der Maschine	20	15 kg	9 kg	9 kg	11 kg	11 kg	12 kg	12 kg
Rückenaufrollen an der 45° Bank	10							
Beinpresse horizontal sitzend	20	110 kg	66 kg	66 kg	77 kg	77 kg	88 kg	88 kg
Kurzhantelarmbeugen	20	8 kg	5 kg	5 kg	6 kg	6 kg	7 kg	7 kg
Armstrecken am Kabelzug (UG)	20	19 kg	11 kg	11 kg	13 kg	13 kg	14 kg	14 kg
Rumpfbeugen	20							
Beckenheben am Boden	20							

5 LITERATURRECHERCHE

In der nachfolgenden Literaturrecherche werden zwei wissenschaftliche Studie zum Thema „Effekte des Krafttrainings bei arterieller Hypertonie" kurz beschrieben, miteinander verglichen und relevante Ergebnisse und Schlussfolgerungen daraus gezogen.

5.1 Studie 1: „Auswirkungen von Ausdauer- vs. Krafttraining vs. der Kombination Ausdauer-/Krafttraining auf die systemische Hämodynamik, Gefäßelastizität sowie Herzfrequenzvariabilität bei Patienten mit arterieller Hypertonie"

Die Studie aus der Dissertation „Auswirkung von Ausdauer- vs. Krafttraining vs. der Kombination Ausdauer-/Krafttraining auf die systemische Hämodynamik, Gefäßelastizität sowie Herzfrequenzvariabilität bei Patienten mit arterieller Hypertonie" (A. L. Bickenbach, 2011) diskutiert die bereits im Titel ersichtliche Thematik des prävalenten Bluthochdrucks, wovon 55% der Bevölkerung in Deutschland betroffen ist (W. Maier et al., 2003), und die Wirkung von Kraft- und Ausdauertraining.

5.1.1 Durchführung der Studie und die Probandenauswahl

Alle 55 (13 Frauen, 42 Männer) Probanden unterschrieben vorab eine schriftliche Einverständniserklärung. Von der Studie ausgeschlossen wurden Personen die an schweren Herzkrankheiten oder Blutdruckerkrankungen litten. Erfasst wurden die Daten, nach Geschlecht getrennt, bzgl. Alter, Größe, Gewicht, BMI und Bauchumfang. Nach festgelegten gleichbleibenden Zeiten wurden Untersuchungen vor und nach der Studie durchgeführt und die Patienten in vier Gruppen eingeteilt, welche aus einer Ausdauergruppe, Krafttrainingsgruppe, einer Ausdauer- und Krafttrainingsgruppe und letztlich einer Kontrollgruppe bestand.

Drei Trainingseinheiten innerhalb von zwölf Wochen waren die Voraussetzungen. Bis auf die Kontrollgruppe absolvierten alle Gruppen speziell auf sie abgestimmte Trainingseinheiten. Wichtig war hierbei das individuelle Lebensgewohnheiten während der Trainingsphase beibehalten werden sollten. Die Intensität wurde nach der HF-Belastungsformel berechnet und steigerte sich alle zwei Wochen um 5%, wobei bei 50% gestartet wurde und auf 75%.

Während das Ausdauertraining auf dem Fahrradergometer stattfand, musste die Krafttrainingsgruppe insgesamt 13 Übungen für den gesamten Körper absolvieren. Die kombinierte Testgruppe von Ausdauer- und Krafttraining hatte beide Trainingsmethoden zu leisten.

5.1.2 Studienergebnisse

Zwar sind die Testergebnisse zum Teil nicht statistisch signifikant, es wurden dennoch Verbesserungen festgestellt. Hierzu ist zu sagen, dass bei allen Gruppen die Blutdruckwerte um -3,30 mmHg (Ausdauergruppe), -4,90 mmHg (Krafttrainingsgruppe) und um -5,80 mmHg (Ausdauer- und Krafttrainingsgruppe) senkten

5.2 Studie 2: "Effects of continuous vs. interval exercise training on blood pressure and arterial stiffness in treated hypertension."

Bei der Studie "Effects of continuous vs. interval exercise training on blood pressure and arterial stiffness in treated hypertension." (Guimaraes GV, et al., 2010) wurde die Auswirkung von kontinuierlichem Training und einem Intervalltraining auf den Bluthochdruck und die arterielle Gefäßsteifigkeit bei Bluthochdruckpatienten analysiert.

5.2.1 Durchführung der Studie und die Probandenauswahl

Die 65 Probanden mit ähnlichen biometrischen Daten wurden in eine Intervall-Trainingsgruppe (26 Probanden), eine Gruppe mit kontinuierlichem Training (26 Probanden) und eine Kontrollgruppe (13 Probanden) aufgeteilt. Danach mussten alle Testpersonen einen Übungstest durchlaufen, um elektrokardiografische Abweichungen auszuschließen. Alle Teilnehmer wurden gebeten 24 Stunden vor Testbeginn keinerlei Stimulanzien zu sich zu nehmen.

Der Trainingsablauf gliederte sich in 10 Minuten Dehnen, 40 Minuten Laufen auf dem Laufband, 20 Minuten moderates Krafttraining und einem 10 minütigem Cool-Down. Die Intensitäten wurden nach den Maximalwerten aus dem Einstufungstest berechnet. 67% der Teilnehmer schlossen die 16-wöchige Studie ab.

5.2.2 Studienergebnisse

Sowohl die Intervalltrainingsgruppe als auch die Gruppe mit kontinuierlichem Training verbesserte die Ergebnisse der Bluthochdruckpatienten. Aber nur die Intervalltrainingsgruppe hatte positive Auswirkungen auf die arterielle Gefäßsteifigkeit.

5.3 Schlussfolgerungen

Die Studien zeigen, dass sich Krafttraining positiv besonders auf überhöhten Blutdruck auswirkt. Unabhängig von Geschlecht, Alter und Fitnessstand profitiert jeder von einem kontinuierlichen gerätegestützten Krafttraining in einem signifikant höheren Maße als von einem Ausdauertraining allein. Allerdings muss gewährleistet sein, dass ein beaufsichtigender Trainer alle notwendigen Daten ermittelt und einen individuell zugeschnittenen Trainingsplan erstellt.

QUELLENANGABEN

Bickenbach, A.L. (2011). *Auswirkung von Ausdauer- vs. Krafttraining vs. der Kombination Ausdauer-/Krafttraining auf die systemische Hämodynamik, Gefäßelastizität sowie Herzfrequenzvariabilität bei Patienten mit arterieller Hypertonie.* Unveröffentlichte Dissertation, Deutsche Sporthochschule Köln

Eifler, C. (2000). *Krafttraining nach der ILB-Methode – Eine empirische Überprüfung der Trainingseffekte bei Anfängern und Fortgeschrittenen.* Unveröffentlichte Diplomarbeit, Universität des Saarlands

Guimaraes, G.V., et al. (2010). *Effects of Continuous versus Interval Exercise Training on Blood Pressure and Arterial Stiffness in Treated Hypertension.* Hypertension Research 2010; 33: 627-632